新冠肺炎疫情防控期间稳定劳动关系法律知识50问

本书编写组◎编

中国工人出版社

图书在版编目（CIP）数据

新冠肺炎疫情防控期间稳定劳动关系法律知识50问 /《新冠肺炎疫情防控期间稳定劳动关系法律知识50问》编写组编. —北京：中国工人出版社，2020.3

ISBN 978-7-5008-7379-2

Ⅰ. ①新… Ⅱ. ①新… Ⅲ. ①疫情管理—关系—劳动法—中国—问题解答 Ⅳ. ①D922.505

中国版本图书馆CIP数据核字（2020）第036894号

新冠肺炎疫情防控期间稳定劳动关系法律知识50问

出 版 人　王娇萍
责任编辑　李素素　冀　卓
责任印制　栾征宇
出版发行　中国工人出版社
地　　址　北京市东城区鼓楼外大街45号　邮编：100120
网　　址　http://www.wp-china.com
电　　话　（010）62005043（总编室）
　　　　　（010）62005039（印制管理中心）
　　　　　（010）62382916（职工教育分社）
发行热线　（010）62005996　（010）62005042（传真）
经　　销　各地书店
印　　刷　河北景丰印刷有限公司
开　　本　787毫米×1092毫米　1/32
印　　张　3.25
字　　数　32千字
版　　次　2020年4月第1版　2021年10月第3次印刷
定　　价　12.00元

前言

PREFACE

当前，新冠肺炎疫情防控正处于关键阶段，深入分析当前劳动关系形势，结合助力企业复工复产的措施，联合各方力量共同行动，加大对特殊时期企业劳动关系处理的指导服务，是确保劳动关系和谐稳定的必要举措。

习近平总书记在 2020 年 2 月 5 日中央全面依法治国委员会第三次会议的重要讲话中提出，要加强疫情防控法治宣传和法律服务，组织基层开展疫情防控普法宣传。中华全国总工会也提出，各级工会要坚持依法协调劳动关系，引导用人单位和劳动者运用法治思维和法治方式妥善处理疫情防控期间的劳动关系，维护劳动关系和职工队伍稳定。

为贯彻落实以习近平同志为核心的党中央

关于统筹推进新冠肺炎疫情防控和经济社会发展工作的决策部署，充分发挥工会组织作用，为进一步做好疫情防控期间支持企业安全有序复工复产和维护职工合法权益，我们借鉴了广州市总工会在基层一线开展法律服务的宝贵经验，并在此基础上由法律专家编写并审读了本书，在此谨表感谢。书中以图文并茂的形式回答了当前疫情防控期间企业、职工和社会各界高度关注的劳动报酬、休息与休假、社保与福利、劳动关系等问题，以供基层工会、职工和相关人员查阅。

希望本书的出版，能够引导广大职工依法表达诉求、与企业共克时艰，全力支持企业复工复产，推动企业履行社会责任，稳定劳动关系。由于时间仓促，书中内容如有不当之处，恳请广大职工和工会干部指正。

目录

CONTENTS

第一部分 劳动报酬

第二部分 休息与休假

第三部分 社保与福利

第四部分 劳动关系

第五部分 防控责任

第六部分 权利维护

第一部分

劳动报酬

01 劳动者被隔离期间、医学观察期间的工资如何发放？

根据《关于做好新型冠状感染肺炎疫情防控期间稳定劳动关系支持企业复工复产的意见》（人社部发〔2020〕8号）文件精神，对因依法被隔离导致不能提供正常劳动的职工，要指导企业按正常劳动支付其工资；隔离期结束后，对仍需停止工作进行治疗的职工，按医疗期有关规定支付其工资。

《传染病防治法》第四十一条规定，对已经发生甲类传染病病例的场所或者该场所内特定区域的人员，在隔离期间，被隔离人员有工作单位的，所在单位不得停止支付其隔离期间的工作报酬。《传染病防治法实施办法》第四十九条规定，甲类传染病疑似病人或者病原携带者的密切接触者，经留验排除是病人或者病原携带者后，留验期间的工资福利待遇由所属单位按出勤照发。

02 若职工工作出差时因疫情未能及时返回工作所在地，此期间的工资标准如何确定？

根据《关于做好新型冠状感染肺炎疫情防控期间稳定劳动关系支持企业复工复产的意见》（人社部发〔2020〕8号）文件精神，对因受疫情影响职工不能按期到岗或企业不能开工生产的，要指导企业主动与职工沟通，有条件的企业可安排职工通过电话、网络等灵活的工作方式在家上班完成工作任务；对不具备远程办公条件的企业，与职工协商优先使用带薪年休假、企业自设福利假等各类假。

要指导企业工会积极动员职工与企业同舟共济，在兼顾企业和劳动者双方合法权益的基础上，帮助企业尽可能减少受疫情影响带来的损失。

全国总工会办公厅下发的《关于做好新

冠肺炎疫情防控期间支持企业安全有序复工复产和劳动关系协调工作的通知》强调，对于企业安排以灵活工作方式在家上班的职工，按照正常工作期间的工资收入支付其工资。

03 企业因受疫情影响导致停工停产的，职工工资如何支付？

企业因受疫情影响导致停工停产的，未超过一个工资支付周期（最长为 30 日）的，应当按照正常工作时间支付职工工资；超过一个工资支付周期的，可以根据职工提供的劳动，按照双方新约定的标准支付工资。

企业没有安排职工工作的，应当支付职工生活费，生活费标准按各省、自治区、直辖市规定的办法执行。生活费发放至企业复工复产或者与劳动者解除劳动关系。

04 职工于春节延长的 3 天假期中工作的，可以要求企业支付加班费或工资吗？

企业应参照《劳动法》第四十四条规定安排职工进行补休，若不能补休，则企业应按不低于职工正常工作时间劳动报酬的 200% 支付加班费。

春节假期延长假期间（2020 年 1 月 31 日至 2 月 2 日），企业应按照原工资计发方式支付职工工资，并不得强制职工休带薪年休假。

05 若职工于春节假期期间工作的，加班费如何计算？

2020 年 1 月 24 日至 2020 年 1 月 30 日，因疫情防控不能休假的职工，用人单位按如下规定处理：

1 月 25 日、26 日、27 日为法定节假日，按照不低于职工本人日工资或小时工资的 300% 支付加班费。

1 月 24 日、28 日至 30 日，企业不能安排职工补休的，按照不低于本人日工资或小时工资的 200% 支付加班费。

06 职工因各地政府疫情管控政策无法返岗的，返岗前的工资如何计算？企业可以安排职工以调休形式处理吗？

全国总工会办公厅下发的《关于做好新冠肺炎疫情防控期间支持企业安全有序复工复产和劳动关系协调工作的通知》提出，对受疫情影响延迟复工或未返岗期间，用完各类休假仍不能提供正常劳动或其他不能提供正常劳动的职工，主动指导企业工会或职工代表与企业开展协商，参照国家关于停工、停产期间工资支付相关规定支付工资、发放生活费；监督企业履行依法隔离期、医疗期职工工资支付义务，对于企业安排以灵活工作方式在家上班的职工，按照正常工作期间的工资收入支付工资。

07 因为地方封村导致职工延误返回工作所在地的，工资应该如何发放？

封村多是村委自行而为，但村委组织不属于基层人民政府。根据《传染病防治法》第四十一条规定，对已经发生甲类传染病病例的场所或者该场所内的特定区域的人员，所在地县级以上地方人民政府可以实施隔离措施。据此，村委实施的“封村”不认定为因疫情无法返回工作所在地。职工因此而造成的延迟返岗，应先与单位协商办理年休假或其他有薪假期，若假期使用完毕，则应当办理事假手续。

08 企业要求职工在家隔离并推迟返岗的，是否需要支付此期间的工资？

新冠肺炎患者治愈出院后，或疑似病人在确诊未患新冠肺炎后，或新冠肺炎患者密切接触者、自疫情发生地返回工作所在地的人员以及其他疫情相关人员集中或者居家隔离医学观察期满后，凭相关医疗机构、疾病预防控制机构或者当地疫情防控指挥机构出具的相关证明文件返岗，但企业认为职工仍要在家隔离，并要求职工推迟返岗的，由于是企业原因造成职工未能提供正常劳动，企业应按职工的正常工作时间支付工资待遇。

如企业要求职工推迟返岗又不支付工资待遇超过合理期限（通常为30日），职工可以主张解除劳动合同并要求企业支付经济补偿。

09 企业停工停产期间，职工提供劳动的，工资如何确定？

企业停工停产，超过一个工资支付周期且职工提供了部分劳动的，企业可以根据职工提供的劳动，按照双方新约定的标准支付工资。

具体而言，企业应当通过与职工协商变更劳动合同的方式重新约定停工停产期间的劳动报酬标准。若企业没有与职工重新约定“工资标准”，职工提供了劳动的，职工工资应按原工资标准执行。

10 企业因停工停产而经营困难时，能否降低职工奖金或绩效工资标准？

奖金与绩效工资是否发放以及发放多少，属于企业的经营自主权。企业可以按照奖金、绩效制度的规定，根据生产经营情况决定是否减少或取消职工的奖金或绩效工资。但如果是名为“奖金与绩效工资”，实为职工“固定工资构成”的情况，则企业不得单方减少或取消。

11 企业受疫情影响，生产经营困难，暂无工资支付能力的，可否延期支付职工工资？

《关于做好新型冠状感染肺炎疫情防控期间稳定劳动关系支持企业复工复产的意见》（人社部发〔2020〕8 号）提出，对受疫情影响导致企业生产经营困难的，鼓励企业通过民主协商程序与职工协商采取调整薪酬、轮岗轮休、缩短工时等方式稳定工作岗位；对暂无工资支付能力的，要引导企业与工会或职工代表协商延期支付，帮助企业减轻资金周转压力。

第二部分

休息与休假

12 国务院办公厅将2020年春节假期延长3天，此3天是法定节假日吗？

根据《全国年节及纪念日放假办法》第二条规定，我国法定节假日共计11天，其中：春节法定节假日为3天。国务院办公厅基于国内疫情考量而延长2020年春节假期，此延长的3天不属于法定节假日。

13 2020 年春节延长的 3 天假期，能否冲抵职工的带薪年休假？

本次假期的延长，是全民享有的休假，其性质、工资计算等与职工带薪年休假完全不同，两者不能相互折抵，企业不得以延长的 3 天假期冲抵职工的带薪年休假。

14 企业可否不执行国务院办公厅将2020年春节假期延长3天的决定?

本次假期的延长，执行范围是各地区各行业各单位，其目的是加强新冠肺炎疫情防控工作，有效减少人员聚集，阻断疫情传播，更好地保障人民群众的生命安全和身体健康，企业应当予以执行。若企业未能执行决定而造成疫情传播或影响疫情控制，则可能会因违反《传染病防治法》的规定而承担民事、行政、刑事责任。

15 若职工于政府延迟复工期限结束前没有上班，企业可以相应扣减职工的带薪年休假和其他有薪假期吗？

疫情面前，职工与企业同舟共济。在此基础上，若职工在政府延迟复工前没有上班，企业可在征求职工意见后优先安排带薪年休假、企业自设福利假等各类假期，但不得强制职工休带薪年休假。

16 原本在春节延长假期和延迟复工期间请休了年休假的，是否可视为已经享受？

国务院延长春节假期期间包含的1月31日和2月1日，原属于春节假期后的“工作日”。由于我国新冠肺炎疫情的特殊情况，国务院作出了将春节假期延长3天的决定，故职工在上述期间有权休息。因其性质与职工的“带薪年休假”不一致，即便职工在上述期间申请休年休假的，也应视为职工未享受，可另行申请。

延迟复工期间，职工申请以自身享有的年休假进行冲抵，且双方已协商并实际履行的，原则上双方均应遵守原先确认的假期性质。

17 2020 年春节延长假期与探亲假、医疗期重叠，如何处理？

关于探亲假，《国务院关于职工探亲待遇的规定》（国务院国发〔1981〕36 号）第三条明确规定，探亲假包括公休假日和法定节假日在内，故探亲假不再顺延。

关于医疗期，《劳动部关于贯彻〈企业职工患病或非因工负伤医疗期规定〉的通知》第一条也明确规定，病休期间，公休、假日和法定节假日包括在内，故医疗期也不应顺延。

第三部分

社保与福利

18 对于确诊新冠肺炎的职工，所产生的医疗费用由谁来承担？

《国家医疗保障局 财政部 关于做好新型冠状病毒感染的肺炎疫情医疗保障的通知》指出，要确保患者不因费用问题而影响就医。对于确诊新型冠状病毒感染的肺炎患者产生的医疗费用，在基本医保、大病保险、医疗救助等按规定支付后，个人负担部分由财政给予补助，实施综合保障。

⑲ 经确诊后患病职工的医疗期如何确定？

原劳动部《企业职工患病或非因工负伤医疗期规定》(劳部发〔1994〕479号)第三条规定，企业职工因患病或非因工负伤，需要停止工作医疗时，根据本人实际参加工作年限和在本单位工作年限，给予三个月到二十四个月的医疗期：

（1）实际工作年限十年以下的，在本单位工作年限五年以下的为三个月；五年以上的为六个月。

（2）实际工作年限十年以上的，在本单位工作年限五年以下的为六个月；五年以上十年以下的为九个月；十年以上十五年以下的为十二个月；十五年以上二十年以下的为十八个月；二十年以上的为二十四个月。

第四条规定，医疗期三个月的按六个月内累计病休时间计算；六个月的按十二个月内累计病休时间计算；九个月的按十五个月内累计病休时间计算；十二个月的按十八个月内累计病休时间计算；十八个月的按二十四个月内累计病休时间计算；二十四个月的按三十个月内累计病休时间计算。

20 职工被确诊感染新冠肺炎，但企业没有为职工缴纳社保的，企业是否需要支付医疗费用？

《国家医疗保障局 财政部 关于做好新型冠状病毒感染的肺炎疫情医疗保障的通知》明确指出，对于确诊患者产生的医疗费用，在基本医保、大病保险、医疗救助等按规定支付后，个人负担部分由财政给予补助。因此，如果存在企业未依法为已被确诊的新冠肺炎职工缴纳社会保险的情况，企业将有可能在职工基本医疗保险支付的范围内，承担确诊职工的医疗费用。

21 医护人员及相关工作人员因履行工作职责而感染新冠肺炎的，是否可以被认定为工伤？

在新冠肺炎预防和救治工作中，医护人员、社区工作者及相关工作人员因履行工作职责，感染新冠肺炎，或因感染新冠肺炎死亡的，应认定为工伤，依法享受工伤保险待遇。

已参加工伤保险的上述工作人员产生的相关费用，由工伤保险基金按工伤保险有关规定支付；未参加工伤保险的，由用人单位按照法定标准支付。

22 职工在上下班途中，或在上班过程中因工作原因感染新冠肺炎的，是否可以被认定为工伤？

职工在上下班途中感染新冠肺炎的，不符合《工伤保险条例》中关于工伤的认定要件，不能被认定为工伤。

职工在工作期间因工作原因感染新冠肺炎的，应根据《社会保险法》和《工伤保险条例》认定为工伤，根据《工伤保险条例》的规定享受工伤保险待遇。

第四部分

劳动关系

23 企业能否对拒绝提前返岗的职工作违规处理？

国务院办公厅将 2020 年春节假期延长的 3 天，属于针对全民的休息日。企业于休息日加班（即提前返岗），应征得职工的同意，不得安排强制加班。若职工拒绝，企业不宜对职工作出违纪处理。

但有下列情形之一的，职工应当服从而不得拒绝加班，否则企业可对职工作违纪处理：

（1）发生自然灾害、事故或者因其他原因，威胁劳动者生命健康和财产安全，需要紧急处理的。

（2）生产设备、交通运输线路、公共设施发生故障，影响生产和公众利益，必须及时抢修的。

（3）法律、行政法规规定的其他情形。

24 因疫情影响下的政府限制措施而无法返回单位工作的职工应怎么办?

职工应主动与企业沟通，有条件的企业可安排职工通过电话、网络等灵活的工作方式在家上班，完成工作任务；对不具备远程办公条件的企业，与职工协商优先使用带薪年休假、企业自设福利假等各类假期。

25 处于孕期、产期或哺乳期内的女职工为预防感染可以申请自我隔离吗？

国务院应对新型冠状病毒感染的肺炎疫情联防联控机制发布《关于做好儿童和孕产妇新型冠状病毒感染的肺炎疫情防控工作的通知》（肺炎机制发〔2020〕17号）明确指出，儿童和孕产妇是新型冠状病毒感染肺炎的易感人群。企业有条件安排居家办公的，从人道主义考虑，应当优先安排“三期”女职工居家办公；如企业无法安排居家办公的，可以为“三期”女职工提供相应的防护、安排风险性较小的工作等。

因此，对于特殊群体，职工可就自行隔离期限、工资或生活费标准、逾期复工的条件或责任等与企业进行协商，没有经过协商及企业同意，不可以就此情况进行主动自我隔离。

26 职工应聘后收到录用通知书，企业能以疫情防控为由取消录用吗？

疫情防控期间，企业已向应聘人员送达录用通知书的，不能仅以疫情防控为由取消录用。如企业因疫情原因，确实存在“原应聘岗位撤销”或不能保证劳动合同正常履行的情况，建议企业与应聘人员协商解决，并告知企业所面临的现实情况，妥善处理可能发生的矛盾纠纷。

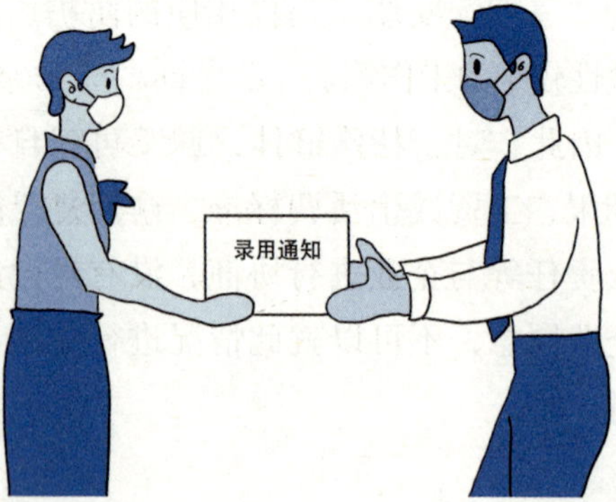

27 企业能否对因政府隔离措施导致无法按时返岗的职工作旷工处理？

《人力资源社会保障部办公厅关于妥善处理新型冠状病毒感染的肺炎疫情防控期间劳动关系问题的通知》（人社厅明电〔2020〕5号）指出，对新型冠状病毒感染的肺炎患者、疑似病人、密切接触者在其隔离治疗期间或医学观察期间以及因政府实施隔离措施或采取其他紧急措施导致不能提供正常劳动的企业职工，企业应当支付职工在此期间的工作报酬，并不得依据劳动合同法第四十条、第四十一条与职工解除劳动合同。故企业不能按旷工处理因政府隔离措施导致无法按时返岗的职工，以保证职工在被隔离期间安心隔离，维护疫情防控大局的稳定性。

28 新冠肺炎疫情是否属于“劳动合同订立时所依据的客观情况发生重大变化”的情况？企业能否据此解除劳动合同？

应当综合考虑新冠肺炎疫情是否属于《劳动合同法》第四十条规定的“劳动合同订立时所依据的客观情况发生重大变化”并由此导致“劳动合同无法继续履行”的法定情形。企业不能想当然地认为因新冠肺炎疫情，即可单方解除劳动合同。

同时，对于《劳动合同法》第四十二条规定的患病医疗期、“三期”女职工、工伤职工等特殊人员，企业不能依据此情况解除劳动合同。

鉴于目前疫情防控处于关键时期，为维护劳动关系和谐稳定，建议企业应当慎重处理与职工的劳动关系，以维护疫情防控的稳定局面。

29 企业因受疫情防控影响迟延发放工资时，职工以此为由提出辞职，是否能够获得经济补偿？

企业因受疫情防控影响未按劳动合同约定的日期或者在合理期限内发放工资，属于疫情下的特殊情况，职工应当予以理解，不能以企业拖欠工资为由提出被迫离职并要求经济补偿。

企业因疫情影响而无法及时支付工资的，应积极向职工解释和说明，并征求工会的意见，征得职工的理解。

30 若职工工作岗位因疫情影响被取消，企业可以安排职工停工吗？

若职工的工作岗位确因客观原因取消，于法律上应属双方订立劳动合同时的客观情况发生重大变化致使劳动合同无法履行的情形，即《劳动合同法》第四十条第三款内容，企业应与职工协商变更劳动合同，如协商不成，用人单位应提前三十日以书面形式通知劳动者本人或者额外支付劳动者一个月工资后解除劳动合同，而不可安排职工停工。

31 职工因感染新冠肺炎，经治疗不能从事原工作，也不能从事由企业另行安排的工作的，企业可以与其解除劳动合同吗？

职工感染新冠肺炎，在规定的医疗期满后不能从事原工作，也不能从事由企业另行安排的工作的，企业可以此为由提前30天通知并解除劳动关系，但应支付职工经济补偿及其他待遇。

32 物流与餐饮等企业共享职工的，职工与新企业是否存在劳动关系？

物流企业与餐饮企业等共享职工的，属于临时性的工作调派，性质类似借调，职工仍与原企业存在劳动关系，与共享的新企业不存在劳动关系。

33 企业作出停工停产的决定，是否需要征求职代会及工会的意见？

基于维护劳动关系和谐稳定之考量，建议企业在面临困难和弹性用工需求等情况时，积极争取职工的理解和支持，在做出停工停产决定前应就停工停产所涉及的与职工利益相关的问题通过职工大会、职工代表大会或工会等，向职工进行解释、说明，并以多种方式听取职工的意见，尽可能保证企业停工停产的有序进行。

34 因疫情防控影响不能及时签订或者续签劳动合同，用人单位是否需要支付双倍工资？

《劳动合同法》第八十二条有关未签订书面劳动合同需支付双倍工资的规定，旨在惩罚用人单位应当签订而故意不签劳动合同的违法行为。用人单位如果确因疫情防控影响，客观上无法与劳动者协商签订或者续签劳动合同，没有不签订劳动合同的主观故意，则不符合承担该赔偿责任的条件。

有条件的用人单位，可以签订电子化的劳动合同，或者以电子化方式先行协商合同条款，待复工后补签书面劳动合同。劳动者经用人单位通知后不愿签订或者续签劳动合同，又不提出辞职的，用人单位可以依照《劳动合同法实施条例》第五条、第六条的规定终止劳动关系。

35 企业停工停产期间，职工可否在其他企业从事兼职工作，是否需要履行竞业限制（禁止）义务？

我国劳动法律并不禁止劳动者兼职，在企业停工停产期间，职工无法返回岗位工作，可以在其他企业从事兼职工作。但因停工停产并不是企业的长久状态，职工应做好返岗的准备，以免因兼职影响本职工作。

如职工的兼职构成了《劳动合同法》第三十九条的情形，即劳动者同时与其他用人单位建立劳动关系，对完成本单位的工作任务造成严重影响，或者经用人单位提出，拒不改正的，用人单位可以直接解除劳动合同且无须补偿。

如企业与劳动者在劳动合同或另有协议约定劳动者在职期间不能从事竞业，则劳动者即便是在停工停产期间也需要遵守。如劳动者有违反，企业可按照约定进行处理。

36 职工接到企业复工复产的通知但无正当理由拒不复工复产，企业可以对其作出处理吗？

职工在收到复工复产通知后应当按照企业要求返岗工作，如果职工无正当理由拒绝返岗，企业可以按照规章制度中关于旷工、不服从工作安排等规定对职工进行相应的处理。

37 企业停工停产时，能否以此为由将劳务派遣工退回给派遣公司？

《劳动合同法》《劳务派遣暂行规定》关于用工单位可单方合法退回被派遣劳动者的情形有严格规定。停工停产系用人单位单方决定的、以短期内停止生产经营（长期来看，仍计划继续经营）为目的的经营安排，依法不属于企业可单方合法退回劳务派遣工的法定情形。

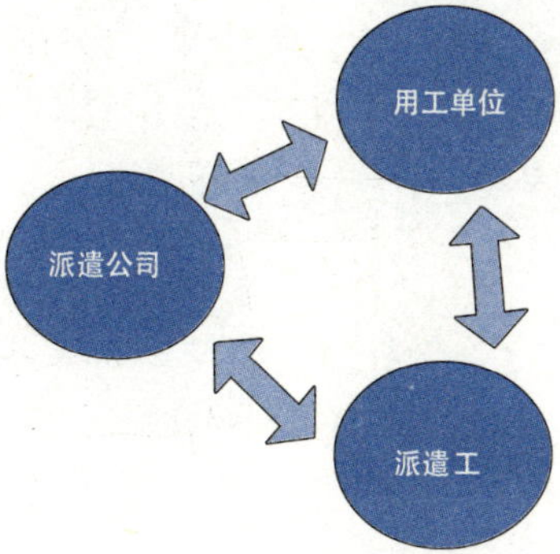

第五部分

防控责任

38 在疫情防控工作中，单位和个人有哪些法律义务？

《传染病防治法》第十二条规定，在中华人民共和国领域内的一切单位和个人，必须接受疾病预防控制机构、医疗机构有关传染病的调查、检验、采集样本、隔离治疗等预防、控制措施，如实提供有关情况。第三十一条规定，任何单位和个人发现传染病病人或者疑似传染病病人时，应当及时向附近的疾病预防控制机构或者医疗机构报告。

根据《突发事件应对法》的规定，突发事件发生地的公民应当服从人民政府、居民委员会、村民委员会或者所属单位的指挥和安排，配合人民政府采取的应急处置措施，积极参加应急救援工作，协助维护社会秩序。

职工作为企业的一员，应遵守企业依法制定的管理制度，配合企业开展的防控工作。

39 企业复工前，应做好哪些疫情防控措施？

企业要按照当地政府要求，根据生产经营特点，结合新冠肺炎疫情防控情况，认真做好复工复产前以及生产过程中防护、疫情应对、个体防护等疫情防控措施。

生产过程中加强工作场所通风换气，提供口罩等防护用品以及洗手等设施，做好工作场所、宿舍、食堂等区域的清洁与消毒，尽量避免或减少员工聚餐和聚集等集体活动。

40 承担疫情防控保障紧急任务的企业，是否可以适当延长工作时间？

根据《关于做好新型冠状病毒感染肺炎疫情防控期间稳定劳动关系支持企业复工复产的意见》（人社部发〔2020〕8号）有关规定，对承担政府疫情防控保障任务需要紧急加班的企业，在保障职工身体健康和劳动安全的前提下，经与工会和职工协商，可适当延长工作时间来应对紧急生产任务，不受《劳动法》关于“延长工作时间每日不得超过三小时，但是每月不得超过三十六小时”的限制。

41 对妨害疫情防控，不服从、不配合或者拒绝执行政府有关决定、命令或者措施等行为，要承担哪些法律责任？

《治安管理处罚法》第五十条规定，拒不执行人民政府在紧急状态情况下依法发布的决定、命令的行为，可处警告或者二百元以下罚款；情节严重的，处五日以上十日以下拘留，可以并处五百元以下罚款。

《刑法》第二百七十七条第一款规定，以暴力、威胁方法阻碍国家机关工作人员依法执行职务的，处三年以下有期徒刑、拘役、管制或者罚金。第三款规定，在自然灾害和突发事件中，以暴力、威胁方法阻碍红十字会工作人员依法履行职责的，依照第一款的规定处罚。

42 感染新冠肺炎者拒绝强制隔离，疑似感染者和处于隔离观察期的密切接触者不服从管理的，要承担什么法律责任？

《传染病防治法》第三十九条规定，拒绝隔离治疗或者隔离期未满擅自脱离隔离治疗的，可以由公安机关协助医疗机构采取强制隔离治疗措施。

感染新冠肺炎的患者或者疑似感染者拒绝接受检疫、强制隔离或者治疗，过失造成新冠肺炎传播，情节严重，危害公共安全的，依照《刑法》第一百一十五条规定，按照过失以危险方法危害公共安全罪定罪处罚。

感染新冠肺炎的患者或者疑似感染者，进入公共场所或者隐瞒情况与他人接触，故意传播新冠肺炎，危害公共安全的，依照《刑法》第一百一十四条、第一百一十五条规定，按照以危险方法危害公共安全罪定罪处罚。

43 若职工编造与疫情有关的恐怖信息或拒绝接受检疫、强制隔离，需要承担怎样的法律责任？

职工编造与突发传染病疫情有关的恐怖信息，可能构成编造、故意传播虚假恐怖信息罪。

故意传播“新型肺炎”等传染病病原体，拒绝接受检疫、强制隔离或治疗等，可能构成以危险方法危害公共安全罪。

职工因犯罪而被追究刑事责任的，用人单位有权依据《劳动合同法》第三十九条规定立即解除劳动合同。

44 用人单位因疫情防控需要安排劳动者加班的，劳动者是否有权拒绝？

根据《劳动法》第四十二条规定，用人单位出现特殊情形和紧急任务的可以延长职工工作时间，因此次新冠肺炎疫情严重威胁人民的生命健康和财产安全，属于法律规定的特殊情况，若因为抗击疫情需要，用人单位安排职工加班，职工必须服从。

第六部分

权利维护

45 疫情防控期间，职工可以拒绝到疫区工作、出差吗？

疫情防控期间，企业未能提供必要的防护措施、没有正当理由或相关的政策依据要求职工到疫区工作、出差的，职工有权拒绝。企业不能因职工拒绝而解除劳动合同。但确因生产经营需要，如运送疫情防控物资等，或企业提供了充分且必要的防控措施，职工无特殊情形应当予以服从，否则，企业有权依照法律规定、劳动合同约定或规章制度对职工作出处理。

46 企业受疫情影响需要裁员，在单方解除劳动者的劳动合同前，是否必须通知工会？

用人单位单方解除劳动合同，应当事先将理由通知工会。用人单位违反法律、行政法规规定或者劳动合同约定的，工会有权要求用人单位纠正。用人单位应当研究工会的意见，并将处理结果书面通知工会。

用人单位单方解除与劳动者的劳动关系并事先将理由通知工会，是其法定责任及义务。若企业在解除劳动关系前没有通知工会，且在劳动者提出诉讼或仲裁前仍没有通知工会的，即使其解除劳动合同有充分的事实或规章制度等法律依据，但仅因其没有通知工会，将构成违法解除劳动关系，而应承担继续履行劳动合同或向劳动者支付赔偿金等法律责任。

47 当企业工会收到企业解除与劳动者劳动关系的通知时，应当注意哪些事项？

企业解除劳动关系应通知工会，企业工会应审查如下内容：

（1）企业与劳动者解除劳动关系是否有充分的事实依据。

（2）企业解除劳动关系的规章制度依据及其民主程序与送达程序是否完整。

（3）企业解除劳动关系时是否应当向劳动者支付经济补偿及其经济补偿计算是否正确。

（4）企业解除劳动关系有无听取被解除劳动关系职工的意见或给其申辩机会；若有必要，企业工会可与该职工进行面谈沟通并作笔录。

（5）企业与劳动者解除劳动关系的处理过程是否体现了公平、合理或善意。

（6）企业与劳动者解除劳动关系的过程是否暴露了企业的管理漏洞，如有，则应提出建议或意见。

48 用人单位可以拒绝录用曾经患有新冠肺炎但已被治愈的劳动者吗？

《就业促进法》第三十条规定："用人单位招用人员，不得以是传染病病原携带者为由拒绝录用。"第六十二条规定："违反本法规定，实施就业歧视的，劳动者可以向人民法院提起诉讼。"

《传染病防治法》第十六条规定："任何单位和个人不得歧视传染病病人、病原携带者和疑似传染病病人。"

因此，感染新冠肺炎治愈的劳动者，用人单位不得以其曾患此病为由拒绝录用，也不能对其实施任何就业歧视行为。

49 职工的仲裁申请时效会受到疫情的影响吗？

因受疫情影响造成职工不能在法定仲裁时效期间申请劳动人事争议仲裁的，仲裁时效中止。从中止时效的原因消除之日起，仲裁时效期间继续计算。

受疫情影响的职工或其代理人无法到仲裁机构参加庭审的，可以向仲裁机构申请延期开庭审理。因受疫情影响导致劳动人事争议仲裁机构难以按法定时限审理案件的，可相应顺延审理期限。

50 疫情防控期间，当事人应该如何对急需解决的纠纷进行诉讼？

最高人民法院《关于新冠肺炎疫情防控期间加强和规范在线诉讼工作的通知》(法〔2020〕49号)规定，人民法院依托中国移动微法院、诉讼服务网、12368诉讼服务热线等在线诉讼平台，全面开展网上立案、调解、证据交换、庭审、宣判、送达等在线诉讼活动，有效满足疫情防控期间人民群众的司法需求，确保人民法院审判工作平稳有序进行。

当事人在疫情期间确有紧急诉讼事由需要提起诉讼的，可以通过在线方式提交立案申请。在线提交立案材料确有困难的，可以就近选择一家法院提交立案材料。相关人民法院应当按照跨域立案的工作机制和程序，及时办理立案手续。

附录

新冠肺炎疫情防控期间和谐劳动关系法律知识竞赛题

【单项选择题】

1. 关于劳动者被隔离期间的工资发放，以下哪项说法正确？（　）

A. 隔离期间的工资待遇由所在企业按正常工作期间工资支付

B. 所在单位可以停止支付职工隔离期间的工作报酬

C. 隔离期间的职工工资待遇由国家财政支付

D. 隔离期间，职工应自动放弃工资

2. 2020年春节假期延长3天，企业复工时间以下列哪项为准？（　）

A. 以春节假期延长的3天为准

B. 以企业所在地政府的相关规定为准

C. 以企业经营需要为准

D. 以职工的意愿为准

3. 以下哪项不是企业防控复工风险的做法？（　　）

A. 认真登记职工休假期间的重要信息

B. 提前准备消毒、防护等用品

C. 与职工协商采取缩短工时、轮岗转换等方式灵活办公

D. 组织职工进行现场集中培训

4. 新冠肺炎疫情期间，企业安排职工居家办公的，下列关于工资发放的做法正确的是？（　　）

A. 应正常支付职工固定工资

B. 职工居家办公，无法完成出外勤等工作的，可以适度降低绩效工资

C. 企业因疫情影响面临困境的，应在征

得职工同意之后降薪

D. 企业经营困难的，可以强制决定职工集体降薪

5. 对于确诊新冠肺炎的职工，所产生的医疗费用由谁来承担？（　）

A. 在基本医保、大病保险、医疗救助等社保基金按规定支付后，个人负担部分由财政给予补助，实施综合保障

B. 此次新冠肺炎属于突发事件，国家和个人都无力控制，所以国家只能按照普通肺炎医疗费用的报销制度报销部分费用

C. 应该全部由所在企业承担

D. 应该全部由个人承担

6. 新冠肺炎疫情复工期间，以下职工的防控义务中，哪项不正确？（　）

A. 职工返岗前应主动向企业申报个人情况，包括但不限于个人行动轨迹、接触人员状况

B. 做好个人防护，勤洗手、戴口罩，不到人多的地方聚集

C. 一旦有感冒、咳嗽、发烧、腹泻、乏力等情况，应立即主动汇报

D. 只咳嗽、不发烧的情况不用汇报

7. 下列哪项可以不认为是新冠肺炎的密切接触者？（　　）

A. 与病例共同居住、学习、工作，或其他有密切接触的人员

B. 诊疗、护理、探视病例的医护人员、家属或其他与病例有类似近距离接触的人员

C. 与病例乘坐同一交通工具，但并没有近距离接触的人员

D. 与病例乘坐同一交通工具，经调查评估后发现有可能近距离接触病人的其他乘客和乘务人员

8. 对于湖北籍或者近期有过湖北工作、旅居史的职工，用人单位的下列做法不正确

的是？（　　）

A. 职工确诊治愈后仍需遵医嘱病休的，用人单位可以通知职工依法进入医疗期

B. 用人单位可以强制职工停工，直至疫情结束，并按照当地最低工资标准为其发放工资

C. 若职工未确诊也不是疑似患者，用人单位应建议职工安排 14 天的自行隔离观察

D. 对于发现的疑似病例应立即向所在区的卫生部门进行报告

9. 用人单位可以依法向职工收集与疫情防控相关的信息中，不应该包括下列哪项？（　　）

A. 近期行动轨迹

B. 当前居住地址

C. 当前健康信息

D. 银行卡号及密码

10. 下列关于单位是否应该向职工提供口

罩的说法中正确的是？（　）

A. 根据《安全生产法》的规定，所有单位都必须为职工提供口罩

B. 在特殊时期为职工提供口罩，充分体现了企业对职工的关怀，有条件的企业可以为职工准备些口罩

C. 职工可以以单位不提供口罩为由，拒绝上班

D. 口罩对所有企业来说都是必须要提供的劳动防护用品

11. 职工拒绝接受与传染病有关的预防控制措施，或故意传播病毒的，用人单位的哪项做法是正确的？（　）

A. 用人单位可以依法解除劳动合同，且不必向职工支付经济补偿

B. 根据《劳动合同法》，劳动者不属于不胜任岗位的情况，用人单位依法不能解除劳动关系

C. 职工拒绝接受与传染病有关的预防控

制措施是其个人行为，用人单位没有义务配合公安等部门的工作调查

D. 因为劳动者业务能力突出，为了保护劳动者免受法律制裁，用人单位可以为劳动者提供伪证

12. 职工在微信群内看到“未经证实”的关于身边某地又发现新的新冠肺炎疫情情况的文字和图片信息时，下列做法正确的是？（　）

A. 积极转发扩散

B. 不转发，但积极评论

C. 不信谣，不传谣，等待官方消息

D. 只转发给少部分好友

13. 2020 年 1 月 20 日，经国务院批准，新冠肺炎新纳入《中华人民共和国传染病防治法》规定的____传染病，采取____传染病的防控措施进行管理。（　）

A. 甲类 甲类　　B. 乙类 甲类

C. 甲类 乙类　　D. 乙类 乙类

14. 下列关于职工复岗后的日常防控措施，不正确的一项是？（　）

A. 职工就餐实行错峰就餐或分散就餐

B. 按需组织生产，减少人员大范围流动

C. 及时了解职工情况，对因病缺勤的要及时追踪

D. 根据企业经营需要，集中开会，追赶生产指标

15. 在疫情期间劳动合同到期，劳动者因为疫情防控需要长时间无法返岗工作的，用人单位的下列做法不正确的是？（　）

A. 劳动合同期限延长至疫情防控措施结束，劳动者无须与企业另行补签书面劳动合同

B. 劳动者感染疫情在规定的医疗期满后不能正常提供劳动，单位可以解除劳动合同，但需要支付劳动者补偿金

C. 因为劳动合同期满，企业可以就此单方解除劳动合同

D. 劳动者感染疫情在规定的医疗期满后不能正常提供劳动，单位解除劳动合同时支付补偿金的标准为工作一年支付一个月的补偿金，不足六个月的支付半个月的补偿金

16. 对于非因客观情况、无充分理由，却假借疫情单纯意图“不劳而获”的劳动者，用工单位的下列做法错误的是？（　）

A. 如果劳动者依法履行了请假手续，则按事假、病假等处理即可

B. 如果劳动者没有履行请假手续，可按旷工处理

C. 企业应按照法定程序展开并做好旷工认定手续和证据保全工作

D. 用人单位可以直接单方解除劳动合同

17. 下列哪个群体感染新冠肺炎或因感染新冠肺炎而死亡可被认定为工伤？（　）

A. 医护人员及相关工作人员

B. 企业销售人员

C. 酒店经理

D. 高速公路收费员

18. 职工于春节前已提交离职申请，现因疫情防控无法办理离职手续，下列关于离职效力的说法不正确的是？（ ）

A. 用人单位与劳动者协商延期办理离职手续，并变更离职日期

B. 如变更后将涉及社保公积金缴纳事宜的，用人单位没有缴纳义务

C.《劳动合同法》第三十七条规定，劳动者提前三十日以书面形式通知用人单位，可以解除劳动合同

D. 劳动者提出辞职，该解除通知到达用人单位即可产生效力，并且提出后不需要用人单位批准即可生效

19. 在疫情防控期间，关于企业及个人的

社会保险缴纳，下列说法不正确的是？（　）

A. 因不可抗力，参保企业和个人可以延期办理参保登记和缴费业务

B. 对灵活就业人员和城乡居民一次性补缴或定期补缴的社会保险费放款时限要求，允许疫情结束后补办

C. 补办手续应在疫情解除后一年内完成

D. 逾期办理缴费不影响参保人员个人权益

20. 用人单位以劳动者感染过新冠肺炎为由拒绝录用的，侵犯了劳动者的哪一项权益？（　）

A. 平等就业和自主择业权

B. 人身自由权

C. 生存权

D. 人格尊严权

【多项选择题】

1. 职工因为新冠肺炎疫情影响无法返岗复工，企业下列做法正确的是？（ ）

A. 与职工协商，可通过电话办公、网络办公、居家办公等形式工作

B. 对于不具备灵活办公条件的职工，可安排年休假等假期

C. 对于不具备灵活办公条件的职工，也可协商办理事假、协商待岗

D. 对于无正当理由拒不复工、不服从企业安排的职工，可以中止劳动合同

2. 新冠肺炎疫情期间，企业安排职工居家办公的，下列关于工资发放的做法正确的是？（ ）

A. 应正常支付职工固定工资

B. 职工居家办公，无法完成出外勤等工作的，可以适度降低绩效工资

C. 企业因疫情影响面临困境的，应在征得职工同意之后降薪

D. 企业经营困难的，可以强制决定职工集体降薪

3. 企业因受新冠肺炎疫情影响停工停产的，下列关于职工工资的支付正确的是？（　）

A. 企业因受疫情影响停工停产的，未超过一个工资支付周期（最长为 30 日）的，应当按照正常工作时间支付职工工资

B. 停工停产期间由于企业没有收入，职工作为企业的一员，应该与企业共患难，企业无须再向职工支付工资

C. 超过一个工资支付周期的，可以根据职工提供的劳动，按照双方新约定的标准支付工资

D. 企业没有安排职工工作的，应当按照不低于当地最低工资标准的 80% 支付职工生活费

4. 企业要求职工在家隔离并推迟返岗的，是否需要支付此期间的工资？（　）

A. 职工在家隔离没有为企业做贡献，不符合上班要求，企业可以拒绝支付此期间的工资

B. 企业认为职工仍要在家隔离，并要求职工推迟返岗的，由于是企业原因造成职工未能提供正常劳动，企业应按职工的正常工作时间支付工资待遇

C. 企业要求职工推迟返岗又不支付工资待遇超过合理期限（通常为30日），职工可以主张解除劳动合同并要求企业支付经济补偿

D. 企业要求职工在家隔离并推迟返岗的，应按最低工资标准支付职工基本生活费

5. 关于企业通知职工提前返岗而遭拒绝的，下列说法哪些正确？（　）

A. 发生自然灾害、事故或者因其他原因，威胁劳动者生命健康和财产安全，需要紧急处理的，职工应当服从而不得拒绝加班，否则企业可对职工作违纪处理

B. 生产设备、交通运输线路、公共设施发生故障，影响生产和公众利益，必须及时抢修的，职工应当服从而不得拒绝加班，否则企业可对职工作违纪处理

C. 企业于休息日加班（即提前返岗），应征得职工的同意，不得安排其强制加班。若职工拒绝，企业不宜对职工作出违纪处理

D. 任何情况下，企业通知职工提前复工的做法都是对职工个人权益的侵害，职工有权拒绝，而企业不得对职工作出处理

6. 对于因政府疫情管控措施而无法返回单位工作的职工，下列做法中正确的是？（　）

A. 职工可以疫情期间无法返回单位工作，居家办公的效率无法保证而拒绝工作

B. 职工可以当地政府的管控规定为准，自主在家隔离，不用通知所在单位

C. 职工应主动与企业沟通，有条件的企业可安排职工通过电话、网络等灵活的工作方式居家办公，完成工作任务

D. 对不具备远程办公条件的企业，与职工协商优先使用带薪年休假、企业自设福利假等各类假期

7. 下列关于春节延长休假期间（1 月 31 日至 2 月 2 日）职工工资支付的说法，正确的是？（　）

A. 属于国家特殊时期临时安排的休假日，如单位安排上班，应当支付职工工资

B. 因为春节延长假期是国家法定节假日，不能安排补休的企业应当按照不低于劳动者合同约定工资标准的 300% 支付职工加班费

C. 不能安排补休的，应当按照不低于劳动者合同约定工资标准的 200% 支付职工加班费

D. 企业依法安排劳动者在休息日工作的，应当安排补休

8. 用人单位因受到疫情影响而导致生产经营困难的，与劳动者协商的正确做法是？（　）

A. 通过民主程序与劳动者协商一致，采取调整薪酬、轮岗轮休、缩短工时、待岗等方式稳定工作岗位

B. 在“稳定工作岗位，尽量不裁员或者少裁员”的宗旨下，缩短工时后可以相应减少劳动报酬标准，但不应当低于本地最低工资标准

C. 轮岗轮休期间不用发工资，但应该发放生活费，生活费标准不应当低于本地最低工资标准的一定比例

D. 考虑到企业利益和经营需要，用人单位可通过大量裁员的方式减轻经济压力

9. 下列哪些情况下，用人单位可就疫情防控需要安排劳动者延长工作时间？（　）

A. 发生自然灾害、事故或者因其他原因，威胁劳动者生命健康和财产安全，需要紧急处理的

B. 生产设备、交通运输线路、公共设施发生故障，影响生产和公众利益，必须及时

抢修的

C. 为完成国家紧急任务或完成上级安排的其他紧急任务的

D. 法律、行政法规规定的其他情形

10. 职工确诊患有新冠肺炎的，工资应该如何支付？（　）

A. 在隔离治疗期间和隔离治疗解除后，均应按照原工资标准支付

B. 隔离治疗期间，应按照原工资标准支付

C. 隔离治疗解除后，劳动者由于身体原因仍无法返岗工作的，可以凭医嘱休病假，用人单位支付病假工资

D. 需要长期休病假的，用人单位可以通知劳动者依法进入医疗期，享受医疗期待遇

11. 疫情防控期过后，企业安排加班的，下列做法正确的是？（　）

A. 用人单位由于生产经营需要，经与工

会和劳动者协商后可以延长工作时间

B. 加班需要用人单位与劳动者协商达成一致，而不能强迫或者变相强迫劳动者加班

C. 及时足额支付加班费

D. 用人单位由于生产经营需要延长劳动时间的，仅征得工会同意即可，无须征求员工意见

12. 对于原本在春节延长假期和延迟复工期间请休了年休假的职工，下列说法正确的是？（　）

A. 春节延长的3天假期为“特殊的休息日”，其性质与职工的“带薪年休假”一致

B. 春节延长的3天假期期间，职工申请休年休假的视为未享受，可另行申请

C. 延迟复工期间，职工确实是在休息，所以已请休的年休假可以视为已经享受

D. 延迟复工是由于疫情不可抗力导致的，职工已请休的年休假视为未享受，可另行申请

13. 对处于孕期、产期或哺乳期内的女职工，在疫情期的如下做法正确的是？（　）

A. 考虑避免感染，可向企业提出居家隔离申请

B. 就自行隔离期限、工资或生活费标准、逾期复工的条件或责任等与企业进行协商，企业同意后才可自我隔离

C. 不需要征得企业同意，孕期、产期或哺乳期内的女职工可以主动自我隔离

D. 以自己处于“三期”为由，拒绝企业的合理工作要求

14. 下列关于企业稳岗补贴的说法，正确的是？（　）

A. 相关补贴用于员工的生活补助、缴纳社会保险费、转岗培训、技能提升培训等相关费用支出

B. 稳岗补贴需要企业主动去申请

C. 各地对申请条件的规定有所差异，具体以企业所在地的政府部门发布的相关文件

为准

D. 符合条件的企业可以去申请，以在一定程度上减轻经济负担

【判断题】

1. 用人单位可以求职者来自疫情严重省份为由拒绝招录。(　)

2. 因受疫情影响导致劳动人事争议仲裁机构难以按法定时限审理案件的，可相应顺延审理期限。(　)

3. 对于非受疫情影响，有条件返岗复工但拒不返岗的劳动者，用人单位可以劳动者旷工为由解除劳动合同。(　)

4. 疫情时期，劳动者在被隔离或医学观察期间劳动合同期满的，用人单位可以终止劳动合同。(　)

5. 劳动者不能以用人单位停工时间过长，单方提出解除劳动合同并主张经济补偿金。(　)

6. 新型冠状病毒患者、疑似病人和密切

接触者在治疗或者隔离期间的工资，不应按照病假或医疗期工资支付，应按照原工资标准支付。(   )

单项选择题

1. A　2. B　3. D　4. A　5. A
6. D　7. C　8. B　9. D　10. B
11. A　12. C　13. B　14. D　15. C
16. D　17. A　18. B　19. C　20. A

多项选择题

1. ABCD　2. ABC　3. ACD
4. BC　5. ABC　6. CD
7. ACD　8. ABC　9. ABCD
10. BCD　11. ABC　12. BC
13. AB　14. ABCD

判断题

1. ×　2. √　3. √　4. ×　5. ×
6. √